海に向いた絵

―― 悼む人たちへ ――

Pictures toward the Sea

―― For Mourners ――

絵と文　前野佳彦

Texnai

わたしたちは突堤にすわって、おだやかな海に沈んでいく夕日を見ていました。

まえがき

「不思議なことなのですが、海に行くと山を思うのです。そして山に行くと海を思うのです。」

こうわたしに言った人がいました。ちょうどもう夏も終わりのころ、たまたま海水浴場で知り合った人です。わたしたちは突堤にすわって、おだやかな海に沈んでいく夕日を見ていました。そこいらには誰が置いたのか、花束が一つ、海に向けて捧げてありました。

その人は、とてもしずかな落ち着いた感じの人でしたが、眉間《みけん》には深いしわが刻まれていました。わたしはこの言葉がとても面白いと思ったので、どういうわけでそういうことを感じるのか聞いてみました。するとその人は、ちょっとほほえんで「娘が教えてくれたのです」と言いました。つまり……海は山を知らない、見たことすらないかもしれない、山は海を知らない、見たことすらないかもしれない、だからどこかものたりなくさびしく感じているはずだと、その娘さんが言ったというのです。ちょうど父さんがいない子供か、子供がいない父さんのようなものだと、言ったというのです。

わたしはこのことばもとても面白いと思いました。自然というものは、一つの全体としてはじめて自然なので、やはり一つの空の下には海も山もなければいけない、そして海は山のことを、山は海のことをよく知っていなければならない、わたしもそう直感しました。そして、そのことをその娘さんはよく分かっていたと感じたのです。そうわたしが言いますと、その人は、ぽつりぽつりと、その娘さんがそう語った、ある夏の日のことを話してくれました。

わたしはそのお話にたいへん心をうたれました。そしていつか、その夏の日をわたしなりに記念し、記憶したいと思いました。

その思いから、この絵本が生まれたのです。

「ここは静かで、潮騒だけが聞こえてくる……」

1

「おとうさん、とっていのこちらにはだれもいないよ。ひろい浜辺だね。」

「そうだね、夏もおわりだからね。海水浴の人たちはみんな向こう側に行って、ここは静かで、潮騒だけが聞こえてくる……」

「わたし、お絵かきしたい。いい？」

「いいけど……お絵かきセット、宿においてきちゃったよ。」

「そこにかくの。すなはまにちょくせつ、すなばにぼうで絵をかくみたいにかきたいの。海さんからもみえる大きな絵をかきたい。」

「なにをかくんだい？」

「山の絵にきまってるじゃない。ここからは山が見えないよ。だから海さん、山を知らないかもしれない。だから見せてあげるの。おじいちゃんとおばあちゃんが住んでる、あのお山。夏休みに行ったあのお山。森の中をすずしい風がふいてた……」

「ああ、それはいいね。じゃ、おとうさんもてつだってあげよう。」

「じゃ、えふでになるぼう、ひろってきて。わたし、ひらたいとこさがしておく。」

「わかった。とおくに行っちゃだめだよ。」

「はあい。おとうさんもとおくに行かないでね。とっていのとちゅうにあるあそこのかた、さきが急にふかくなっててあぶないよ。」

「わかった、気をつけるよ。じゃ手分けして準備しよう。」

「雪の降りつもる、静かな山を海といっしょに想像してみよう。」

2

「さあ、田んぼに、森に、山、家がすこしあって、だいたいできたね。」
「まだだよおとうさん。だいじなものがまだだよ。」
「だいじなもの？ だって、田んぼに、森に、山に、……」
「いろ！ いろがぬっていないのはおかしいよ。山も空も雲も、みんなおなじいろ。おひさまもおなじ。そんなのって、ある？ 海さんだって、海さんの中のお魚の子どもたちだって、りくってそんなにつまらないところかしら、海にいてよかったわとか思うでしょ、きっと。」
「そうか、たしかに色が足りないね……どうしよう。この大きな絵をぬるには、それはもう、絵の具の工場をここにひとつ建てなきゃならないよ。」
「どうしたらいいかな……海さんにひろいせかい、おしえてあげたいけど、なんかひとりでざわざわいってるだけで、とってもさびしそうでしょ。」
「そうだね……こういうのはどうだろう。この山はいま雪をかぶっています。だから、まっしろですが、それは頂上とそこからつづく空と山のさかい目くらいで、少し下ると浅黒くなっています。そして針葉樹の森につづきます……ほら、海さんだって想像はできるだろう。だからことばで説明してやるんだよ。」
「それはいいけど……白い雪って言ってわかるかしら。ここには雪はふらないから、雪って見たことないのよ。」
「そうか、それはそうだ。」
「じゃあ……こういうのはどう？ 白い雪って言って、あそこの白い雲をこのぼうでさすの。そしたら、ああ、ゆきっていうのはここの雲のいろだってわかるでしょ。」

「ああ、それはいい考えだね。じゃ、雪の降りつもる、静かな山を海といっしょに想像してみよう。ことばやここにあるものを使ってね。」

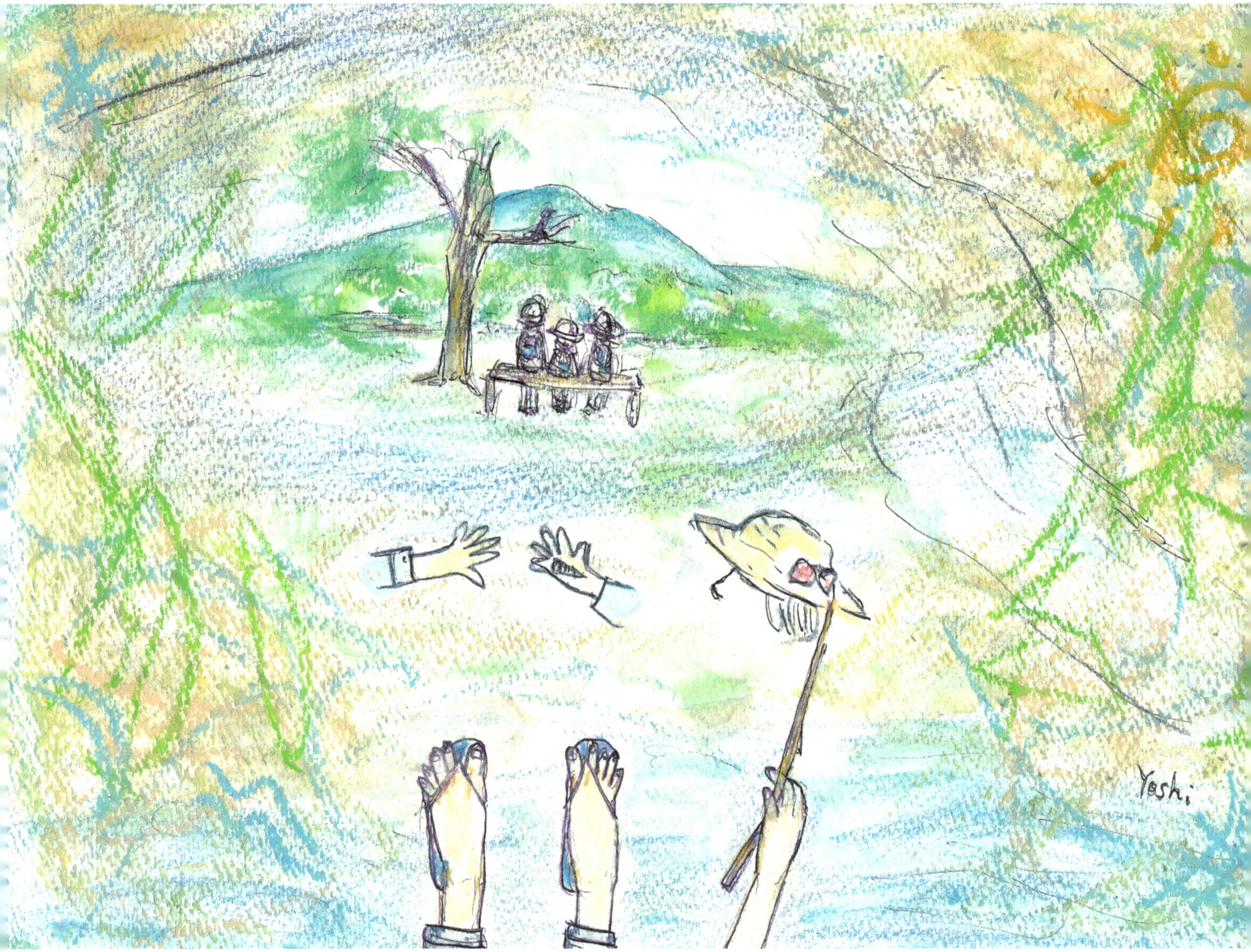

「とうさん何してるの？ あそびがき？ それ……わたし？」

3

「きのうは楽しかったね。おとうさんと海さんといっしょにお絵かきした。でもせっかくかいたのに、もう消えちゃったね。」

「それはね、潮の満ち干のせいだよ。海に向いた絵は、生まれては消える夢のようなものだからね。」

「とうさん何してるの？ あそびがき？ それ……わたし？」

「うん……でも目の前にいるのに、わざわざかくこともないね。絵は遠くのものや、思い出を描くものだからね。」

「目の前のものにはしゃしんがあるしね……でもそのわたし、のこしておいてね。」

「わかった、このままにしておこう……また海さんが消してしまうかもしれないけどね……でもそれはね、海さんも、もうちゃんと見たことを記憶に刻んで、そして新しい絵を見たいなって気持ちになるからだよ。もう君たちのきれいな雪の故郷はわかった、すてきなリボンのかざりのある麦わら帽子も憶えた、今度は春の森や小鳥さんたちが見たいなってね。」

「じゃ、おじいさんが見せてくれた小鳥の一家、かいてみたい。てつだってね。」

「ああ、オオルリの一家だね。あれはかわいかった。じゃ、あれを小川のほとりに描いて、その小川の森も描いてみようよ。それでいいかい？」

「うん、それでいい。わたしこんど、かいがらひろってくる。かいがらで小鳥さん、つくってみたいの。白いから、いろもぬりやすいでしょ。」

「ああ、それはいい考えだね。たくさんひろっておいで。おとうさんはかわいた砂をこのバケツにくんでおくよ。山にかければ、山の色がぬりやすくなるだろう。」

「うん、じゃ、てわけしてじゅんびしましょ。とおくにいっちゃだめよ。おとうさん、なぜかまいごになりやすい人だって、かあさんいっつもわらってたでしょ。」
「わかった、じゃ二人でときどき合図しながら仕事をしようよ。」
「うん、そうする。」

「しあわせな山の小鳥さんたちのこと、わすれないでいてね。」

4

「これ、おとうさんオオルリ、だから青い羽と白いおなか。こっちがおかあさんオオルリ、だから緑とちゃいろ。おとうさんより少しちいさいの。わたしのおかあさんとおなじ。」

「これは岩の上の苔、ちょうど浜辺に打ちあげられたミルやワカメのような深い緑だよ。君たち海にはなじみの色だね。」

「ここに子どもたちがいて、くちばしはとってもきいろいの。お日さまがのぼってしばらくはとてもきらきらかがやいて大きいでしょ。あのときのいろくらい。おひさまもまだ子どもで、おくちをあけているのかな。」

「これはブナの大木。白っぽくて、水をいっぱい根もとにためる立派な木なんだよ。苔が生えているのはとっても古いえらい木だからなんだ。」

「はっぱは大きくてすこしくぼんでるの。そしてとってもきれいなきみどりなのよ。ブナの下の道、わたしあるくのだいすきだった。」

「そうだね、みんなでよく歩いたね。とっても楽しかった。」

「おかあさんとかけっこもしたのよ。このオオルリ一家くらいにしあわせだったの。」

「そうだね、お母さんも元気だった。たくさんお話しながら、いっしょに森を歩いてたくさん笑った。」

「ね、だから海さんも、海さんの中で生きる子たちもさびしがっちゃだめ。世界はひろいんだし、おもいではいつまでもくちはてないの。いまいろはなくても、またいつかぬってあげればいいの。いまわたしたちがしているように。」

「そう、かたちがくずれてもまた描き直せばいい。」

「じゃ、あしたまでたいせつにしててね。しあわせな山の小鳥さんたちのこと、わすれないでいてね。」

「おとうさんは、わたしのことよく思い出す？」

5

「きょうは海さん、かなしそう。」

「そうだね、少し風が出てるね。人もいなくなった。もう帰ろうか？」

「ううん、もうちょっといる。くもりの日の海さんがなにを考えてるのか知りたい。」

「きっと霧の日の山のような、奥深い、静かな気もちかもしれないね。」

「それとも雪がふるまえの山。じっときれいな白い雪をまって、じぶんははいいろにうずくまってる。」

「大切な人を思い出しているのかもしれない。」

「おとうさんは、わたしのことよく思い出す？」

「うん、いつも思い出してるよ。母さんといっしょにね。」

「かあさん、病気わるいの？」

「うん、でも……でもきっと治る………………」

「わたしのせい？ わたしがあそこのひがたで遊んでたせい？ ごめんなさい。でもとってもきれいなかいがらだったの。」

「たくさんたくさん泣いた。 海の中で、 風の中で、 お空の中で……」

6

「だれのせいでもない。海さんのせいでも、誰のせいでもない。だからさあ、またお絵かきして、いっしょに色をぬろうよ。」

「わかった。じゃ、かなしそうな海さんに、きれいな白い雪をふらせてあげる。」

「じゃ、奥深い山の谷にも、もう霧じゃなくて、涙のような雨をふらせてあげよう。」

「泣くとこころがはれるっていうんでしょ。父さんも泣いた？」

「うん泣いた……お前も泣いたかい？」

「うん泣いた……たくさんたくさん泣いた。海の中で、風の中で、お空の中で……」

「この砂浜に、まっしろな雲の出る真夏の海をかこう。」

7

「じゃあ、もうこころを晴らしていいころだね。」

「うん､もうこころをはらしていいと思う。まっしろにして､そこにいろをぬりましょ。まっしろになったこころに、あたらしい時間と思い出をきざみましょ。いつもいっしょに。」

「うん、いつもいっしょだ。じゃ、この浜辺もまっしろにして、夏にするっていうのはどうだろう。」

「それ、いい！ たくさん人もかこうね。ヨットも、うきぶくろをつけた子どもたちも、ぜんぶかこうね。」

「うん、曇りの海の日にはそれが一番だよ。よし、じゃあもう一度この砂浜に、まっしろな雲の出る真夏の海をかこう。」

「わたし、じゃ、すなのお山をつくる。とっても大きくてトンネルもあるの。」

「真夏の元気な山を、すこし元気のないこの海に見せてあげたいんだ。」

8

「お父さん、こんどは何をかいてるの？ おなじわたしたちの山の絵？」

「うん、同じだけどね……こんどは真夏の元気な山を、すこし元気のないこの海に見せてあげたいんだ。」

「きょうもくもりだしね。まだげんきないね。わたしたち、こんなにげんきなのに。」

「だからその元気を分けてやりたいんだ。さあできた。」

「じゃ、わたしが海さんにせつめいするからまってて。ここは緑、いろいろなみどり、アマモとかワカメとか、そういうのがあついじゅうたんみたいになってるの。」

「そうだね。じゅうたんというのは分かりやすいね。海の底もじゅうたんを敷いたようになってる。サンゴのじゅうたん、アマモのじゅうたん、海草の森……」

「わたし、海の中にうまれたら、ウミガメさんといっしょに遊びたかったな……」

9

「おとうさん……」

「なんだね。」

「どうしていろはあるの？ としをとっていくのがわかるように？ ヒナとか子どもの動物とか、おやといろがちがうんでしょう？」

「そうだね、たとえば……ウサギとか……」

「動物園でとうさんと見たペンギンとか、ウミガメの赤ちゃんとか……いまのわたしとか……すこしヒナっぽいでしょ？ わたし、海の中にうまれたら、ウミガメさんといっしょに遊びたかったな……」

「そうあの時も言ったね……じゃあ人間のヒナにもどったお前が、大好きだったウミガメさんといっしょにサンゴのじゅうたんの上を歩いているところを、ここに添えておこう。」

「夏山のとなりに？ おかしくない？」

「だいじょうぶだよ。今の話を海さんも聞いてるんだから、ちゃんとつながりはわかって、ああいいなって思うよ、きっと。」

「そうね、きっとそうね。じゃかきましょ、いっしょに。」

「うん、いっしょに描こう。また貝がら集めてきなさい。あの潟《かた》の方はだめだよ。あっちは危ないからね。」

「うん、わかってる。あんしんして。」

「海も山も、　こうしてしっかりおぼえておく、　だからまた会えるのね。」

１０

「おとうさん。」

「なんだね。」

「このげんきな夏の山も、わたしたちみたいにとしをとっていくの？」

「それは……どうだろうね。春夏秋冬の色というのは、年々くりかえす、そういう衣替えの色だからね。」

「にんげんもころもがえしながら、でも年々としをとっていく……」

「そうだね、ぐるぐる同じことをしながら、でも年をとっていく……」

「だから、わたしたちが見た年の山、わたしたちが見た年の海をおぼえておくのね。海も山も、こうしてしっかりおぼえておく、だからまた会えるのね。」

「そうだね、それがとても大切なことだ。」

「この山は、いつの年の山？」

「もちろんお前がまだいたころのあの楽しい山だよ。」

「この海は、いまいっしょに見てるこの海は、いつの年の海？」

「もちろんまだお前がいる、楽しい海だよ。」

「空はひとつ、　海も山もひとつにつながる。」

１１

「さいごの絵だね。」

「うん、今年の夏の最後の絵だ。」

「秋の山？ ここいらがもみじ？」

「うん、そこいらがいちばんみごとだった。空は秋晴れだったよ。」

「あの年の秋の山ね。」

「そう、あの年の秋山だよ。紅葉狩り、楽しかったね。」

「うん、とっても楽しかった。」

「さあ、できあがりだ。海に説明してあげてごらん。」

「ここは今の秋空とおなじ。空はひとつ、海も山もひとつにつながる。ここはもみじの赤と黄いろ。赤も黄いろも、にぎやかな夏のかいすいよくの色。でも山じゃ秋のいろなのよ。そしてにぎやかさとさびしさがひとつになったいろなの。わかれるけど、また会うからよ。」

「またいっしょに浜辺をさんぽしましょうね、一家三人で。」

１２

「楽しくてさびしいのは、いまのおとうさんとわたしも同じ。わかれてまた会うの、それがわかってるから、さびしくて楽しいのよ。」

「ぐるぐると同じことをしながら、大切な人といっしょに、そうやって年を重ねていく……」

「来年も来てくれる？」

「うん、来年もかならず来る。こんどはお母さんを連れてこられると思う。」

「またいっしょに浜辺をさんぽしましょうね、一家三人で。」

「うん、そうしよう。一家三人で、日が暮れるまで、この浜辺を散歩しよう。」

「そうしてわたしのげんきに笑ってるすがたを思い出してくれるのね。」

「そうだ、お前の笑っている元気なすがたを思い出して、そしてまた一年いっしょに年をとっていく。」

「さようなら、おとうさん。」

「さようなら。遊ぶのはいいが、あの干潟《ひがた》の方にだけは行っちゃだめだよ。」

「はあい、わかりました。」

「お前の笑っている元気なすがたを思い出して、そしてまた一年いっしょに年をとっていく。」

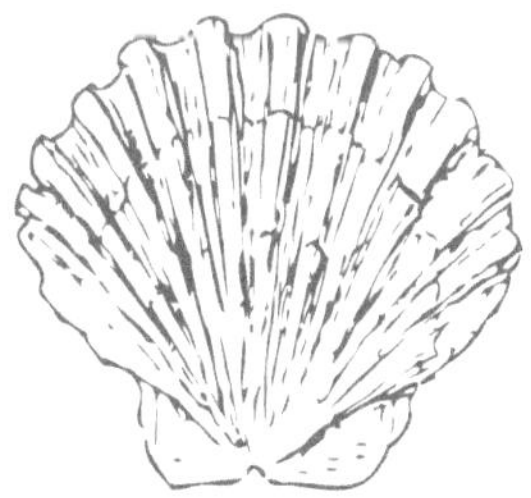

前野佳彦（まえのよしひこ）略歴

1953年　福岡県生まれ
1984年　シュトウットガルト大学哲学部博士学位（Dr.phil）取得
哲学者（制度論・記号論・現象学）

専門分野の著書・訳書は長年にわたり多数あるが、児童文学関係の仕事としては以下のものがある。

『ひかりの子供たち —ロラとサオリの物語—』、
『星の王女さま』（ピーター・ズーリング著、前野みち子と共訳）
『クラとホシとマル』

海に向いた絵　— 悼む人たちへ —　　カラー版
Pictures toward the Sea —— For Mourners ——　Color Edition

2018年6月8日　ハードカバー第一版發行
絵と文：前野佳彦
發行人：深沢武雄
発行所：株式会社テクネ
　　　　神奈川県川崎市中原区宮内 4-7-3-505
　　　　Tel: 044-863-9545　Fax: 044-863-9697
　　　　e-mail:info©texnai.co.jp　http://www.texnai.co.jp/
印刷　：Ingram Lightning Source Inc., USA

Published on June 8, 2018
Illustrations and stories by Yoshihiko Maeno
Published by Texnai, Inc.
4-7-3-505 Miyauchi Nakahara-ku, Kawasaki, Kanagawa, Japan
Tel: 044-863-9545　Fax: 044-863-9697
e-mail: info©texnai.co.jp　http://www.texnai.co.jp/
Printed by Ingram Lightning Source Inc., USA

ISBN 978-4-909601-06-3

www.amazon.jp
www.amazon.com

クラとホシとマル —お花畑ができるまで—

前野 佳彦 著

お花畑は山登りの大きな楽しみです。そこにわたしたちは、変わらない自然の姿を認めて心ひかれるわけですが、お花の身になって考えれば、やはりそこには有為転変《ういてんぺん》の人生というものがあるのかもしれません。この物語は、新しいお花畑を作ろうとしたクラとホシとマルの友情をめぐるお話です。（筆者）

ペーパーバック
21 x 21 cm
262 頁 挿絵 69 点
2018 年刊

ISBN:
カラー版 978-4-908381-89-8
B&W 版 978-4-908381-90-4

発行元：株式会社テクネ 〒 211-0051 神奈川県川崎市中原区宮内 4-7-3-505
Tel: 044-863-9545（代） e-mail: texnai @ texnai.co.jp http://www.texnai.co.jp/POD/

www.amazon.jp
www.amazon.com

ペーパーバック
17.3 x 0.8 x 21.6 cm
126 頁
イラスト約 50 点
2017 年刊

ISBN:
B&W 版　978-4908381850
カラー版　978-4908381782

星の王女さま　—星の王子さまを追って—

ピーター・フランク・ズーリング (著)、前野 佳彦・前野 みち子 (共訳)

サン＝テグジュペリの "The Little Prince" では、星の王子さまが不思議な形で姿を消した後、作者は、もしも王子さまが帰ってきたらそれを教えてくれるように読者に呼びかけています。ピーター・ズーリングの "The Little Princess" の中では、一人の女性が病院でガンと闘っており、そこで彼女の若い時の信じられないような冒険について書くことになるわけですが、その物語はサン＝テグジュペリのその呼びかけに応えるためのものなのかも知れません。翻訳は、『ひかりの子供たち』を出された前野佳彦先生と奥様でいらっしゃる名古屋大学の前野みち子先生にお願いしました。前野先生は、この『星の王女さま』についてこう述べていらっしゃいます。——『星の王女さま』はサン＝テグジュペリの『星の王子さま』とゴッホをこころから愛する女主人公の物語である。それでは、星の王子さまとゴッホの共通点、あるいは接点は、どこにあるのだろうか。作者は冒頭に寄せたメッセージのなかで、読者からこんな質問が出るのを予期していくつか答えらしきものを並べているが、どれもはっきりとした答えではない。なぜなら、ほんとうの答えは、この物語を読み終えた読者自身が、それぞれに見つけ出すべきものだからである。とはいえ、ゴッホ、王子さま、この物語の王女さまは、星々に想いをはせ、想いを托している点で一致している。そして、人間はもうずっとずっと昔から、星々に想いをはせ、想いを托してきた。わたしたちは夢見る力をもっている。星々はそのようなわたしたちの夢見る力を刺激してやまない。日本の読者がこの物語を読んで、星々に想いをはせ、想いを托すきっかけとなるなら、訳者にとっても幸いである——。

発行元：株式会社テクネ　〒 211-0051　神奈川県川崎市中原区宮内　4-7-3-505
Tel: 044-863-9545（代）　e-mail: texnai @ texnai.co.jp　　http://www.texnai.co.jp/POD/

www.amazon.jp
www.amazon.com

ペーパーバック
14.8 x 1.8 x 21 cm
288 頁
2017 年刊
ISBN:978-4908381522

ひかりの子供たち ―ロラとサオリの物語―

前野 佳彦 著

ロラは、宇宙から地球にふりそそぐひかりの子供たちの一人です。宇宙が誕生してすぐ生まれたひかりは、子供のひかりでした。母さんのひかりは、まだ物質以前のじゅんすいなエネルギーだったと言われています。母さんは、生まれたばかりの物質と、自分が生んだばかりのひかりの子供たちを祝福して、「この宇宙に生み続け、光り続け、充ち続けなさい」と言いました。もしあなたたちが星空を見上げて、そこに子供たちの好奇心に満ちた、純粋なまなざしを感じるなら、それはそこに「物質を照らす」ことを百三十八億年続けてきた、ひかりの子供たちがいて、じっとこのわたしたちの地球の「真実」を見守ってくれているからなのです。そうしたひかりの力、ありのままにものごとを見る力の尊さを知った、一人の子供がいました。サオリという小学生の女の子です。サオリはほんとうはロラでした。ロラはつまり、地球を照らすために来てまた去っていった、そういう「宇宙背景放射 (うちゅうはいけいほうしゃ)」の一人だったのです。サオリは自分が孤児であるように、ロラも孤児だということを知りました。ロラはもう百三十八億年も、自分を産んでくれた「母なる光」を探して、宇宙を隅々まで旅しているのに、まだその母さんは見つかっていないからです。ロラは、自分の宇宙の旅をサオリに語りました。サオリはそれを日記帳に書いたのです。そして自分の親友の父さんにもその「実話」を話しました。この人はとても面白い作り話だと思ったようです。サオリの母さんはサオリのことを心配するあまり、その日記帳を病院の先生に見せました。サオリは想像と実在を混同している、だから危ない状態にある、とカルテに書かれてしまいました。誰一人、サオリはロラで、ロラはサオリであることを分かってくれません。どうしてこういう簡単な真理が分かってもらえないのか、そのことが二人にはまったく分からないのです。どうしてこの簡単な真理が大人たちには分からないのか、そのことをあなたにも考えてほしいと、サオリもロラも願っています。それはあなたも、ロラであり、サオリであったことがあるにちがいないから、と二人は言いました。それでわたしはこの物語を書いてみることにしたのです。想像と現実のあわいに生きたことのある、すべての童心に本書を捧げます。（筆者）

発行元：株式会社テクネ　〒 211-0051　神奈川県川崎市中原区宮内　4-7-3-505
Tel: 044-863-9545（代）　e-mail: texnai @ texnai.co.jp　http://www.texnai.co.jp/POD/

www.ingramcontent.com/pod-product-compliance
Lightning Source LLC
Chambersburg PA
CBHW041406010526
44107CB00015B/1088
9784909601063